Georg W. Maier

Antwort auf das Schreiben eines Wirtembergers an seine

Mitbürger

wegen des Landaufgebotes

Georg W. Maier

Antwort auf das Schreiben eines Wirtembergers an seine Mitbürger
wegen des Landaufgebotes

ISBN/EAN: 9783744703369

Hergestellt in Europa, USA, Kanada, Australien, Japan

Cover: Foto ©ninafisch / pixelio.de

Weitere Bücher finden Sie auf **www.hansebooks.com**

Antwort

auf

das Schreiben

eines Wirtembergers

an seine Mitbürger

wegen

des Landaufgebotes.

Vorbericht.

Ich antworte in diesen Blättern auf das: Schreiben eines Wirtembergers an seine Mitbürger aus Veranlassung des Land=aufgebots, Stuttgart, bei Joh. Fried. Steinkopf 1794 blos aus dem Grunde: weil ich glaube, daß es die äusserste Schan=de für einen Gelehrten ist, die unbilligsten Forderungen und Handlungen der Grossen unter dem Scheine des Rechts öffentlich anzupreisen und dem armen gutmüthigem Volke Sand in die Augen zu streuen:

Wem

Wem die Wahrheit nicht heilig ist, von dem hat das Vaterland auch nichts Gutes zu hoffen. Ich wenigstens halte dafür, daß es für den Gelehrten die heiligste Pflicht seyn sollte, die unveräusserlichsten Völker = und Menschenrechte aufrecht zu erhalten und den Unterdrückern derselben muthig zu widerstehen.

Nur dem Manne ists Ehre, der die unumstößlichen Grundsätze des Guten und Wahren unter seinen Brüdern verbreitet, und dadurch Glück und Seegen über seine Nachkommen ausgießt.

Lieber

Lieber Mann!

Wenn Sie es für nöthig fanden, Ihre braven Landsleute zur Ergreiffung der Waffen gegen die Neufranken, in Ihrem Sendschreiben zu ermahnen: so muß das Rescript Ihres Herzogs vom zehnten Februar 1794, den gehoften Erfolg nicht gehabt haben, den man sich davon versprach. Ob aber Ihr Schreiben mehr gewirkt hat, als das Rescript Ihres Herzogs, hat bereits die Erfahrung gelehrt; und es gereicht Wirtembergs Bürgern zu nicht geringer Ehre, die an sie gemachten Forderungen erst in reife Ueberlegung genommen, und dann die Resultate ihrer Beschlüsse an ihre Behörde abgegeben zu haben.

Ich traute kaum meinen Augen, als ich das Rescript Ihres Herzogs von Wirtemberg wegen Bewaffnung seiner Unterthanen las, denn ich konnte es mir kaum denken, daß die

A 3 Mi-

Minister und Räthe des Herzogs die traurigen Auftritte, das künftige Unglück und all die unseeligen Folgen, welche durch die Ausführung eines solchen Plans nothwendig Wirtembergs Einwohner erfahren müßten, übersehen und dem Regenten nicht gerathen haben sollten, seinen Entschluß fahren zu lassen. Sollte dies aber wirklich auch so seyn, dachte ich, so werden doch die Landstände die Bewaffnung der Unterthanen zu hintertreiben wissen. Dieser Gedanke minderte meine Besorgnisse und ich beruhigte mich wieder.

Einige Zeit nachher erhielt ich Ihr Schreiben, und ich erschrack von ganzem Herzen, als ich es las, daß Sie als ein Gelehrter, (denn der sind Sie, aus der Bekanntschaft mit der griechischen und römischen Geschichte zu urtheilen,) das Begehren nicht nur billigten, sondern so gar, zur Schande der Menschheit, Ihre Mitbürger zur Ergreiffung der Waffen zu bewegen suchten.

Wenn ein Gelehrter in unserm aufgehellten Jahrhundert, einen so widerrechtlichen Vorschlag in einem gebildeten Staate begünstigen kann, dann sind wir wahrlich! noch weit in der Kultur unsers Geistes zurücke,

dann

dann sind Aufklärung, Glückseeligkeit, Men-
schenwohl und Völkerrechte leere Namen,
dann wiederhohlet unser Gedächtniß wohl diese
holden Benennungen, aber es verbindet keine
Begriffe damit.

Ich hebe einige Ihrer Sätze, die Sie in
Ihrem Schreiben aufstellen, in ihrer Verbindung aus und antworte darauf.

„Dem Herzog kommt in so fern ihm
„das Wohl Wirtembergs anvertrauet ist, nicht
„nur das Recht des Aufgebotes zu; diese Ver-
„ordnung wird auch Pflicht für ihn, wenn
„keine natürlichere für seine Bürger anständi-
„gere Art übrig bleibt, das Vaterland vor ei-
„nem feindlichen Anfalle zu bewahren, als
„die Ergreifung der Waffen. Der Vor-
„nehmste soll, wie der Geringste sie nehmen;
„nur machen die Natur einer grossen Gesell-
„schaft für die öfentlichen Aemter, deren
„Verwaltung zur Aufrechthaltung der Ordnung
„nothwendig ist, und die Menschenliebe für das
„Alter und Gebrechlichkeit, gerechte Ausnahmen,
„welchen der menschenfreundliche Fürst die Vä-
„ter, die mehrere Kinder haben, und die be-
„dürftigen Taglöhner, denen jede zum exer-
„zieren bestimmte Stunde einem Theil ihres

„te-

„Lebensunterhaltes entrissen würden, beige-
„sellt. Aber auch diese durch Rücksichten des
„gemeinen Bestens und durch Grundsätze der
„Billigkeit bestimmten Erecutionen sollen weg,
„wenn die Noth dringender wird.„

Wenn dem Herzog von Wirtemberg das
Wohl seines Landes und seiner Unterthanen am
Herzen liegt: so kann er diese nicht zum Kriege aufbieten, ohne das Wohl des Landes und
seiner Unterthanen zu stören. Denn so bald
Bürger und Bauer, und wie Sie selbst sagen,
Vornehmer und Geringer ins Lager zöge: so
würde eine Unordnung im Hauswesen, eine
Zerrüttung in den Familien, und eine Hem-
mung und Stockung in den Geschäften entstehen, welches auf das Ganze einen nachtheili-
gen Einfluß hätte.

Entreisset den spekulirenden Kaufmann,
den arbeitsamen Handwerker und den thätigen
Landmann dem Kreise ihrer Familie; ein Still-
stehen ihrer Geschäfte, eine Wirre wird entstehen. Die Familie wird hungern, weil diejenigen, die ihnen Brod verschaffen, von ihnen
weggenommen worden sind. —

Wenn

Wenn die blühendsten Handlungen, Gewerbe und Ackerbau darnieder liegen, so ist die natürliche Folge Hunger und Elend. Und dieser Fall muß eintretten, wenn Wirtembergs Unterthanen bewaffnet an die Gränzen ziehen müßten.

Der Vornehmste, wie der Geringste, soll sich nach Ihrer Aeusserung bewaffnen, ausgenommen Amtleute und ihre Schreiber, Geistliche und Schullehrer, Taglöhner die arm sind, und Krüppel. Doch im Fall der Noth müßten auch diese das Gewehr nehmen. Aber wie, wenn auch dieser Fall eintretten sollte? Dachten Sie sich wohl die Folgen, welche alsdann entstehen müßten? — Ein Regent, dem das Wohl seines Volks am Herzen liegt, kann seinen Unterthanen nicht gebieten, die Waffen zu ergreiffen! —

Die Frankennation ist freilich auch bewaffnet; aber unter ganz andern Umständen. Die vorhergegangene Revolution rückte Tausende von Menschen aus ihrem Geschäftskreis, und die Noth zwang diese zu den Waffen. Frankreich ist durch die Revolution in Unruhe und Schrecken versetzt worden. Wirtemberg lebt in Ruhe und Wohlstand. Der

a 5

Frank-

Frankreicher nimmt die Waffen, weil seine
Familienumstände zum Theil schon zerrüttet
sind; der Wirtemberger aber soll sie nehmen,
damit er sie zerrütte.

Der größte Theil der Frankenarmeen besteht nicht aus dem Landvolke; sondern aus
Leuten, die vor der Revolution sich des Luxus
wegen beschäftigten, und nun bei der veränder-
ten Lage der Sache, nicht mehr nöthig sind;
und aus Leuten, die die Noth zu Kriegsdien-
sten zwingt, theils auch aus freiwilligen und
wohlhabenden Leuten, die für Freiheit und
Menschenrechte streiten wollen.

Wenn übrigens auch der Bürger und
Bauer zu den Armeen geruffen wird, so lei-
det seine Familie bei weitem den Verlust nicht,
den sie im Wirtembergischen leiden müßte.
Denn die Nationalconvention hat dafür zu sorgen gewußt, daß durch den Abgang der Bürger und Landleute, die Geschäfte nicht gestört,
und der Ackerbau nicht vernachläßiget werden
darf. Und über dieses gehen die Freiheitskäm-
pfer muthig und froh ins Feld, weil sie einen reichlichen Sold haben, und weil sie,
wenn sie verstümmelt werden, eine lebensläng-
liche Pension erhalten, und wenn sie das
Mord-

Mordgewehr zu Boden strecken sollte, ihre Familie lebenslänglich versorgt wird.

Daß aber übrigens auch der Geschäftsmann, der Fabrikant und Kaufmann in Frankreich die traurigen Folgen des Kriegs empfindet, ist keineswegs zu läugnen; soll man aber deswegen, da man dieses weiß, geflissentlich ein ähnliches Unglück über einen Theil von Deutschland bringen, wenn wir dessen Bewohner bewaffnen, das schon so viele Familien in Frankreich traf, und leider noch jetzt trift? —

Ich begreiffe es in der That nicht, wie Sie in Ihrem Schreiben behaupten können, es wäre Pflicht für den Herzog, sein Volk aufzubieten, weil — weil ihm das Wohl seines Landes anvertraut ist! —

Wodurch wird das Wohl eines Landes befördert? Nicht wahr, durch Arbeitsamkeit, Fleis und Betriebsamkeit; dazu werden Hände erfordert. Wann nun aber die arbeitsame und geschäftige Volksklasse im Felde ist, wer soll arbeiten? wer die Geschäfte besorgen? wer die Handlung treiben? wer die Fabrikate abnehmen? Die Weiber, Greise, Kinder und Krüppel? — Wie sollen sich die Zurückgeblie-
benen

benen Nahrung verſchaffen ohne Verdienſt?
wie ihren Hunger ſtillen?

Wenn nun aber die Männer nicht mehr
zurückkommen, wenn das Mordgewehr ſie zu
Boden ſtrecken ſollte, oder wenn ſie als Krüppel in ihre Heimath zurückkehren müſſen, ohne
mehr arbeiten zu können, wer ernährt ihre Familie? Schöne Beförderung des Wohls eines
Landes durch Bewaffnung der Unterthanen!

Wahrſcheinlich überdachten dieſes Wirtembergs Bürger, überdachten all' das groſſe
Elend, das durch ihre Bewaffnung über ſie und
ihre Familie gebracht werden würde, und woll-
ten es durch Zögerung auf das Aeuſſerſte kommen laſſen. Aus jenen Worten, die Sie ihnen ſelbſt in Mund legen', erhellt dieſes nicht
undeutlich:

„Einige antworten: „Auf dem Fall der
„größten Noth, und wenn die Gefahr wirk-
„lich eingebrochen ſeyn wird, ſind wir alle be-
„reit, das Land zu vertheidigen, warum ſol-
„len wir ſchon jetzt, da die Franzoſen noch fer-
„ne ſind, die Zeit mit exerziren verliehren?„

Das heißt doch wohl mit andern Worten
nichts anders, als: mit der Bewaffnung mögen

gen wir nichts zu schaffen haben, wenn die Neufranken kommen, wollen wir schon sehen, was zu thun ist.

Sie wenden bei der Erklärung Ihrer Landsleute ganz richtig ein, daß es alsdann zu spät seyn würde, der Gefahr zu begegnen, wenn sie schon da wäre. Aber die Wirtemberger wollen sie ja erwarten. Sie fürchten die Frankreicher nicht, troz den schwarzen Schilderungen, die man allenthalben von ihnen zu machen beflissen war.

„Das Vaterland bittet euch, ihm einige „Zeit aufzuopfern; ihr bedauert grossen Theils „so selten den Verlust der Augenblicke, die ihr „euern Vergnügungen schenket; und dem Va „terlande wolltet ihr einige Wochen versagen, „da ihr doch der weisen Verfassung derselben „das ganze Glück eures Lebens danket?„

Was heißt das: Das Vaterland bittet euch ihm einige Wochen aufzuopfern? Wer ist das Vaterland? vermuthlich das Wirtembergische Volk. Also das Volk bittet das Volk, daß es sich für sich selbst opfere. Oder sind es die Beamten, die Weiber, die Kinder, die Taglöhner und Krüppel, die nach Ihrem Schrei-

Schreiben eine Ausnahme bei der Bewaffnung machen sollen? oder ist es der Herzog und seine Räthe? —

Nicht wahr, das Volk zu erhalten ist der Zweck; wenn aber das Volk zu Felde zöge, so würde der Zweck in Mittel verwandelt; und nun Hr. Verfasser, wo bliebe der Zweck?

Uebrigens, wenn es nur, wie Sie meinen, mit dem Zeitverlust etlicher Wochen abgethan seyn würde, so möchte es noch so hingehen; aber es betrift Menschenleben, Familienglück, und da geht man nicht so rasch zu Werke. Wie, wenn der Hr. Verfasser, selbst die Musquete nähme und seinen Nachbarn dadurch einen überzeugenden Beweis von der Nothwendigkeit der allgemeinen Bewaffnung gäbe? — Mögen Sie gleich Einwendungen dagegen machen wollen; Sie können, Sie dürfen sich nicht ausschliessen.

„Bedenken Sie, daß Sie der weisen Verfassung Ihres Vaterlandes, das ganze Glück Ihres Lebens zu danken haben, daß es Ihnen Schutz Ihres Eigenthums gewährte, daß Sie, wenn Sie bewaffnet an die Gränze ziehen, Sie zugleich sich selber, Aeltern, Gattinnen,

tinnen, Kinder, Ihren Fürsten, Güter und Freunde vertheidigen. Wenn Ihnen bei diesem Gedanken nicht alle Mühe leicht, nicht jedes Opfer gering scheint, so verdienen Sie nicht ein Wirtemberger zu seyn, wie Sie selbst sagen.

Sie lassen in Ihrem Schreiben Ihre Landsleute gegen die Ergreifung der Waffen einwenden:

„Ich bin nicht zum Soldaten gebohren; „Waffenübungen sind meine Sachen nicht; „wer Lust hat, mag sich damit beschäftigen.„

Ich wüßte gegen diesen Ausdruck des innern Gefühls nichts Erhebliches zu sagen. Nur Sie besitzen die Kunst, die Ueberzeugung ihres Landmanns: daß man ihn nicht mit Recht zur Ergreiffung der Waffen zwingen kann, niederzudonnern.

„Bruder, du bist Bürger!„ Gut! so kann er nicht Soldat seyn; sondern er erwartet mit Recht von diesem Beschützung seines Eigenthums, Ruhe und Sicherheit; und er bezahlt ihn deswegen.

„Wenn das Vaterland in Gefahr ist, „ist jeder Bürger so lang Soldat, als die Gefahr

„Gefahr dauert, und als die Zahl der ste-
„henden Truppen unzulänglich ist, sie ab-
„zutreiben. „

Wozu nützte also dem Bürger das Militär, das er mit schweren Kosten unterhal-
ten muß, wenn es ihm bei dringenden Ge-
fahren nicht beschützen kann? Wenn er selbst
auf seine Rettung bedacht seyn und sein Leben
aufopfern soll? Also täuschte man ihn bisher
fürchterlich; nahm ihm lange Zeit ungeheure
Summen ab, um das Militär zu unterhal-
ten: und nun, da der Fall eintritt, daß es
den friedlichen Bewohner der Hütten und den
arbeitsamen Bürger in Städten Sicherheit
gewähren und ihn schützen soll, sagt man ihm:
du mußt selbst den Feind abtreiben, wo
nicht, so überläßt man dich deinem Schicksal.

„Der Staat hat dir bisher Sicherheit
„für dein Eigenthum verschaft; jetzt ist es
„um seine eigene zu thun; er hat die Be-
„dingungen gegen dich erfüllt, und du wolltest
„die Verbindlichkeit gegen ihn aus den Augen
„setzen? ” —

„Der Staat hat dir Sicherheit verschaft; wenn hier Staat nicht so viel, als Regierung

gierung heiſſen ſoll; ſo haben die ausgehobe＝
nen Worte keinen Sinn. Hat die Regierung
den Bürgern im Staate Sicherheit des Eigen＝
thums verſchaft; ſo war dieſes Pflicht für
ſie, weil unter dieſer Bedingung der Bürger
ſeine Abgaben erlegte. „Jetzt iſt es um
„ſeine eigene Sicherheit zu thun.” Ver＝
muthlich will der Hr. Verf. damit ſagen, der
Herzog und ſeine Räthe ſtehen in Gefahr ihre
Hoheit, ihre Würde, ihre Macht und ihr
Anſehen zu verlieren, wenn die Frankreicher
in Wirtemberg einbrechen; dies mag es ſeyn!
Deswegen ſind unſere Fürſten ſo eifrig daran,
ihr Volk gegen die Vertheidiger der Freiheit
aufzubieten, damit ſie fort tyranniſiren
können.

„Du haſt bis auf dieſen Augenblick die
„ſüſſeſten Vortheile aus der Geſellſchaft ge＝
„zogen., — nichts denn billig; er erfüllte
ſeine Geſellſchaftspflichten, betrug ſich, wie
es einem Bürger des Staats zuſtund, gab
ſeine Steuern und rechnete mit Zuverläßigkeit
auf Sicherheit, Ordnung und Ruhe. —
„Da du ihr — der Geſellſchaft — jezt ei＝
„nen wichtigen Nutzen leiſten kannſt, ernie＝
„drigeſt du dich zu Ausflüchten.„

Das

Das ist keine Erniedrigung und das sind keine
Ausflüchte, mein lieber Hr. Verf. wenn man sich
nicht von sein.. Familie trennen will, deren
Glück durch Entfernung gestört, deren Ruhe
geraubt und deren Unterhalt dadurch schwe-
rer gemacht würde; und wenn man über
dieses einen eignen Stand dazu unterhält! —

„Du bist nicht zum Soldaten gebohren?
„desto schlimmer für dich.„

Ich traute kaum meinen Augen, als ich
dieses las.   Es ist also schlimm, wenn ein
Mensch ein sanftes, weiches Gefühl hat, das
vor dem Menschenmorde schaudert; schlimm,
wenn man nicht den kalten Mordstahl in das
Herz seines unschuldigen Bruders stößt;
schlimm, wenn man an dem Elende hülfloser
Menschen keine Freude empfindet; schlimm,
wenn man nicht mit gefühlloser Raserei in
Menschenreihen dringt; schlimm, wenn man
nicht dem armen wehrlosen Landmann seine
Habe rauben und dem Bürger sein Eigenthum
nehmen kann, so bald die Umstände sich dazu
darbieten? — Gerechter Himmel! wie tief
erniedrigen sich nicht manche unserer Gelehrten! —

Ist

Iſt es nicht ſchon genug, wenn der Bür, ger und Bauer ſeine Söhne zu Soldaten her, giebt, und ruhig bleibt, wenn immer vom neu, en Ergänzungstruppen ausgehoben werden. Das iſt doch wirklich zu viel gefordert, wenn er ſelbſt noch mit ins Feld ziehen ſoll!

Laſſen Sie Ihre guten Landsleute immer zu Hauſe und für ihre Familie arbeiten, und ihnen Nahrung verſchaffen; dort nützen ſie; aber gewiß nicht im Felde mit der Flinte und dem Säbel!

Was ſollte ein Mann bei der Armee für Grosthaten verrichten können, von dem Sie ſelbſt ſagen: „er hält ſich für unfähig, ein „Werkzeug zur Rettung ſeiner Brüder und zu „ſeiner eigenen zu werden; er beſitze nicht hin, „längliche Thätigkeit, nicht den guten Willen, „nicht ſo vielen Bürgerſinn, um auf der „rühmlichſten und für ſein Vaterland jetzt ohne „Widerrede auf der nützlichſten Laufbahn einige „leichte (?) Schritte zu thun.„ Was ſoll, ten alſo Ihre Landsleute gegen die Frankrei, cher ausrichten können, die ſo zaghaft ſind, wie Sie ſie ſchildern? —

　　　　　　　　Sollte

Sollten sie aber wirklich ins Feld kommen, dann würde ihnen vollends aller Muth entsinken; denn sie föchten gezwungen, nicht für Freiheit und Menschenrechte, wie die Neufranken, die mit ernstem Blicke, sich ihrer guten Sache bewußt, und mit Muthe gestählt, gegen die Feinde ihrer Freiheit anrücken, und um diese zu erkämpfen den Tod nicht scheuen.

Sähe der gezwungene Bauer oder Bürgen seine Bekannten hinstürzen; er würde sich zurückdrängen und Unordnung und Verwirrung machen.

Doch nein! sie sollen in Gesellschaft geübter Krieger fechten. Desto schlimmer, dann brächten sie auch die geübtesten Soldaten in Unordnung, und das Treffen, welches vielleicht ohne sie gewonnen worden wäre, müßte gewiß verlohren gehen.

Ihre Landsleute fürchten die Macht der Frankreicher, und das nicht ohne Grund. „Wie will Wirtemberg der französischen Macht widerstehen? die Zahl der Feinde wird so groß seyn, daß der Widerstand unnüße und unmöglich wäre."

Die

Die Bedenklichkeit Ihrer Landsleute Hr. Verf. ist so groß, und Ihnen ist alles so leicht.

„Der Feind, glauben Sie, wird zurück-„stürzen, wenn er die Wirtemberger an der „Gränze versammlet sieht;   er wird beim „erhabenen Schauspiel feuriger, zum Sieg „oder zum Tode fürs Vaterland bereitwilliger „Patrioten ausruffen: Hier sind Bürger, die nicht für den Sold, die für die Ehre, für ihr Eigenthum den schärfsten Kampf bestehen wollen; sie werden tapfer seyn. „Der Feind wird sich zurückziehen, und ohne „uns zu schlagen, werden wir den herrlichsten „Sieg davon tragen.„

Ich besitze die Göttergabe der Weissa- gung nicht; und weiß also auch nicht ob die Frankreicher beim Anblick der bewaffneten Wirtemberger so denken werden, und sich werden schlagen lassen.

Wir wollen uns nun aber auch den Fall als möglich denken: die Neufranken siegten; so könnte wegen Bewaffnung der Unterthanen das größte Unglück über Ihr Vaterland ge- bracht werden; denn sie würden die Bürger

und

und Bauern nicht nur im Felde, sondern
auch in ihren Wohnplätzen, wo sie sie fänden, als Soldaten behandeln; sie würden je-
den, der ihnen aufstieße, als Feind ansehen
und Rache nehmen. Und wer könnte dieses
ihnen alsdann verdenken?

Sie würden die Dörfer verheeren, die
Städte plündern, und bei der geringsten
Gegenwehr alles niedermetzeln. Ich schau-
dere bei diesen Gedanken! —

Friede den Hütten! ist die Losung der
Neufranken; und in Belgien und Batavien,
wie in den meisten eroberten Ländern, haben
sie bisher bewiesen, daß es ihr Ernst ist, den
Unterthan zu schonen, wenn gleich hin und
wieder Ausnahmen davon zu machen sind.
Ihr Krieg gieng bisher gegen die Fürsten und
den Adel; diese könnten, wenn sie in ihr Land
kamen, mit ihrem Gelde entfliehen. Würde sich aber auch der Unterthan gegen sie bewaffnen: dann sey Gott dem Lande gnädig,
wenn sie es eroberten, und dem Bürger und
Bauer, dem ohne Geld seine Flucht nichts
nützen würde. Rathen Sie Ihren Landsleuten lieber, daß sie sich nicht bewaffnen
sollen; so können sie dem Unglücke noch bei-
Zeiten

Zeiten entgehen, und Sie zeigen sich, wenn Sie dieses thun, als einen wahren Patrioten, dem das Wohl seines Vaterlandes am Herzen liegt.

„Ihr habt doch noch so viel Menschlich-
„keit, jedem, den ihr in Gefahr seines Le-
„bens oder eines grossen Verlustes erblicken
„würdet, beyzustehen; und ihr wollet nicht
„für einen Fürsten streiten, der für euch
„streiten, sein theures Leben für euch in
„Gefahr setzen will, der oft für euch wacht,
„wenn ihr schlafet, dem euer aller Wohl
„so sehr am Herzen liegt?„

Nun wissen wir es auf einmal, wer der Staat, das Vaterland ist, für den die Wirtemberger streiten sollen; der Herzog ist es, für dessen Hoheit, Würde und Leben sie die Waffen ergreiffen sollen. Und wozu die Lobrede, die, Sie Ihrem Herzog auf Kosten des verstorbenen Karl Eugens, „unter dessen
„Zepter manche Personen wähnten vernach-
„läßiget worden zu seyn.„ Thut Ihr Her-
zog mehr, als was er als Regent zu thun schuldig ist? — Andere Fürsten müssen also nicht einmal das thun, was ihre Pflicht ist, weil Sie es Ihrem Herzog so hoch anrech-

nen,

nen, daß er sich um die Regierungsgeschäfte
annimmt. Wozu unterhält das Volk Ihren
Herzog und seinen Hofstaat? Um ihn in
in Seide gekleidet und mit Gold und Edel-
gesteinen ausgeschmückt in einem 6 spännigen
prächtigen Wagen einherfahren zu lassen, und
den Gaffern und Fremden das Geständniß
abzulocken: Das ist ein schön gepußter
Herr! oder von ihm mit Recht zu verlangen, daß er das Ganze leiten, nach strenger
Gerechtigkeit regieren, den Gesetzen Kraft
geben, Ordnung, Ruhe und Sicherheit her-
stellen und das Wohl und Glück seiner Unter-
terthanen zu erhalten suchen soll? Nicht
wahr, wegen des letztern wird der Herzog,
sein Hofstaat, seine Minister und Bedienten
von dem Volke erhalten; deswegen bezahlt
das Volk alle seine Beamte im ganzen Wir-
tenbergischen Staate, unterhält das Militär,
und macht sonst noch Aufopferungen u. s. f.
Und für alles das sollte das Volk nichts verlangen können? Nicht verlangen können, daß
es in Ruhe und Sicherheit bleiben dürfe? —

„Es giebt eine Klasse Menschen, die aus
„Neid, aus einem Geiste der Unruhe, der
„Widersetzlichkeit, der Rache, des Mistrau-
„ens,

„ens, der Tadelsucht, jede, auch die gerech-
„teste Obrigkeit verläumden und sich einbil-
„den, daß ihre Obern das Mark des Landes
„essen, welches ihnen das gute Landvolk und
„die Handwerker im Schweiß des Angesichts
„darbieten.„

Das ist wahr, es giebt Leute, denen
man nichts recht macht, die alles, auch die
beste Sache zu tadeln wissen. Vom Einzeln
kann man nicht auf das Ganze schliessen.
Wenn aber eine ganze Menschenklasse laut
klaget, ihre Obrigkeit der Trägheit und Ungerechtigkeit beschuldiget; so müssen die Beschul-
digungen doch nicht ganz ungegründet seyn:
denn wenn der eine gegen seine Obrigkeit dieses
oder jenes auszustreuen bemüht wäre, das doch
keinen Grund hätte; so würde ihn gewiß ein
anderer widersprechen und die Ehre der Obrigkeit retten.

Fragen Sie nur die neuere Geschichte, mein
lieber Hr. Verf. und Sie werden finden, daß
die Klagen des Volks, die hin und wieder gegen die Obrigkeit in Deutschland laut wurden,
nicht ungegründet waren.

b 5

Nehmen

Nehmen Sie die Volksgeschichte der
Lütticher, vor der franz. Revoluzion, der
Belgier, der Bataver zur Hand; Forschen Sie
nach der Unzufriedenheit des Volks gegen ihre
Obrigkeit in Aristo - demokratischen Staaten;
in Ihrem eigenen Kreislande, in Ulm, Aug-
spurg und andern Orten und gestehen Sie auf-
richtig, ob nicht das Volk höchst gegründete
Ursache hatte, ihre Unzufriedenheit öffentlich
an den Tag zu legen, da man auf seine gütige
Vorstellungen nicht achtete? Oder, ist es nicht
Grosmuth vom Volke, wenn es, wie in
Ulm und Nürnberg verschwendete Millionen von
Staatssummen zu bezahlen sich anheischig
macht, die einzelne Familien dem Staat ent-
wendeten. Ist es nicht die höchste Nachsicht
des Volks, diesen Verschwendern die ge-
rechteste Strafe zu erlassen? Denken Sie sich
den Fall umgewendet! Was würde man mit
dem Volke machen? Die vornehmsten unter
ihn in den finstersten Kerker werfen, aus den
sie nicht heraus kämen, bis sie auch den letzten
Heller bezahlt hätten. — Kurz das Volk
würde man zu nöthigen wissen zu bezahlen.—

Daß eine Obrigkeit seyn muß, wissen
wir, und wenige werden so unverständig seyn,
die-

dieses nicht einzusehen. Die Parabel, oder
wie Sie wollen der Apolog des römischen Se-
nators, Menenius Agrippa, mit dem Ma-
gen und den Gliedern, kann nur für den rohe-
sten ungebildetsten Volkshaufen da stehen.

„Die Franzosen werden bei uns Freiheit
„und Gleichheit einführen,„ sagen Ihre
Landsleute.

Für so unwissend und unverständig halte
ich Ihre Landsleute nicht, daß sie darunter
Zügellosigkeit verstehen sollten. Sie wollen,
nur eine nach billigen Gesetzen eingerichtete gerechte Regierung.

Daß die Gesetze dazu schon eingerichtet seyn
mögen, glaube ich gewiß, aber auch das, daß
sie nicht ausgeübt werden; denn wozu sonst
die Sehnsucht nach besserer Gerechtigkeitspflege.

Auch das kann den Wirtembergern nicht
unbekannt seyn, daß die Neufr. unter dem
Worte Gleichheit, nichts anders, als Gleichheit vor dem Gesetz, Gleichheit der Rechte ohne Ansehen der Person verstehen; unter Freiheit
aber die Macht, welche jedes Staatsglied be-
sitzt, Alles zu thun, wodurch die Rechte anderer Staatsglieder nicht gekränkt werden.

Diese

Diese Freiheit ist also auf Gerechtigkeit gebaut; wer sie mißbraucht, handelt ungerecht,
weil er dadurch die Rechte anderer verletzt, und
sich der Gefahr aussetzt, seine eigenen Rechte gekränkt zu sehen und durch die Gesellschaft be-
straft zu werden. Ihre Gnome ist von dem
ächten Freiheitslehrer aus Nazareth, — „was
„du nicht willst, das dir die Leute thun
„sollen, das thue du ihnen auch nicht!„

Uebrigens lassen Sie immer Leute, die
plaudern können, nichts zu verlieren haben,
gern im Trüben fischen möchten, ihre ungereim-
ten Freiheitsträume bei Gassenwirthen, oder
wo sie sonst Gelegenheit finden, auskramen;
wenn es nicht ganz schlecht um die Wirtemberg.
Regierung steht, wenn man nicht die höchsten
Ungerechtigkeiten öfentlich ausübt; wenn die
Beamten nicht nach Willkühr handeln, und
das Volk drücken; so fürchten Sie von diesen
Leuten nichts; sie werden keine veränderte
Ordnung der Dinge bewirken; nicht Personen,
die ihnen verhaßt sind, mishandeln, und sich in
irgend eine einträgliche Stelle empor zu schwin-
gen im Stande seyn; hiezu gehört mehr! Wie
gesagt, ist die Wirtemberg. Staatsverfas-
sung nicht ganz verdorben; — und das ist sie
                                        nicht —

nicht — so werden sie, um sich einen Anhang
zu verschaffen, nicht vermögend seyn; um das
Volk zu gewinnen, wird es nichts nützen wenn sie
die Maske der eifrigsten Menschenfreunde an,
nehmen würden; vergeblich würden ihre Klagen
seyn über das Unrecht der Obrigkeit, die sich
bestechen lasse und Gewaltthätigkeiten ausübe,
wenn es nicht an dem wäre.

„Daß diejenigen, die von Freiheit spre,
„chen, bisher Sklaven wilder Leidenschaften,
„Verschwender, gesetzlose oder wegen unbe,
„friedigten Ehrgeizes mißvergnügte Leute wä,
„ren, möchte Ihnen schwer zu erweisen seyn.
Auch der kaltblütige, brave, rechtschaffene,
vorurtheilfreie Mann hat eine Freude an einer
Freiheit, die jedem bei seinem Rechte schützt,
wo die willführlichen Gewalten niedergedonnert
werden, dagegen die strengste Gerechtigkeit auf
den Thron gehoben wird.

An der in Frankreich herrschenden Anar,
chie, wo eine Parthei die andere unter die
Guillotine bringt, bis sie von einer neuen
dahingeschickt wird, wird gewiß kein Edeldenken,
der Gefallen finden. Traurig genug, daß der
Menschheit solche Opfer, und gewis auch man,
che unschuldige gebracht werden müßten. —

Und

Und wer unterhält die Uneinigkeit in Frankreich? — Sind es nicht die auswärtigen
Mächte, blutdürstige Tyrannen und herrsch-
süchtige Aristokraten?

„Die erste nun ungültige Konstitution
„konnte den Beifall rechtschaffener Männer
„durch viele nur blendende Ideen entlocken;
„aber das Revolutionssystem, das jetzt Stat!
„hat, verdient den Abscheu jedes biederen Men-
„schen.„ Weil gewiß ein König an der
Spize der ersten Konstitution stund, der mit
der Zeit wieder alle die Macht und Gewalt an
sich würde gerissen haben, die er vorhin hatte,
deswegen geben Sie der ersten Konstitution Beifall. Man blicke nur auf England hin, was es
vorhin war, da es sich eine neue Regierung
gab, an der ein König, — obschon beschränkt
— an der Spize stund, und was es jetzt ist.

Was Sie von dem Mißbrauch der Freiheit und von dem, was wirkliche Freiheit seyn
soll, sagen, dagegen habe ich nichts. Nur
bedenken Sie, daß es im Revolutionszustande
anders ist, als im Stande der Ruhe.

Ihre Landesverfassung mag gut seyn;
desto besser für die Unterthanen. Wenn, wie
Sie

Sie sagen, „alles darauf ankommt.; daß die Geſetze herrſchen:„ ſo iſt es ja gleichviel, wer die Aufſeher und die Vollziehere derſelben ſind; Könige, Fürſten, Adeliche oder Bürger, wenn nur über die Geſetze gewacht wird; wenn ſie nur vollzogen werden. Nach Ihrer Mei„nung„ werden ſie bei der monarchiſchen Form „ſchleuniger vollzogen, ſo wie alle wichtige „Verfügungen.„ Befehle, das iſt wahr, werden ſchleuniger vollzogen; aber mit der Gerechtigkeitspflege geht es, wie in andern Staaten — langſam.

„Theureſte Mitbürger, wo die Pflicht „gebietet, müſſen auch die ſcheinbarſten „Zweifel verſchwinden. Unter welchen Ver„hältniſſen ihr euch betrachtet, als Menſchen, „als Bürger oder Unterthanen, als Chri„ſten, ſo ſeyd ihr ſchuldig, das Vaterland „zu vertheidigen.„ Das iſt, nach Ihrer vorigen Meinung, der Herzog und die Adelichen.

Wenn ich mich als Menſch vertheidigen ſoll: ſo muß ich angegriffen werden, oder, wenn ich mich zur Vertheidigung anſchicken ſoll, ſo muß ich es vorher gewiß wiſſen, daß man mich angreiffen werde. Als einen Men-

Menschen betrachtet, der keinen Antheil an
dem Kriege der Neufranken nehmen will,
können sie mich nicht angreiffen, weil ihr
Krieg gegen die Fürsten und den Adel geht.
Friede den Hütten! ist ihre Losung. Der
Bürger und Landbewohner ist von ihrer
Kriegserklärung ausgeschlossen; folglich habe
ich keine Gefahr des Lebens zu fürchten.

„Bei einem Angriffe der Franzosen
„kann die Pflicht der Selbsterhaltung nur an
„den Gränzen mit zuverläßigen (?) Erfolgen
„erfüllt werden, wo daselbst viele tausende
„an deiner Seite streiten, und durch ihre
„überlegene Anzahl auch dich schützen würden;
„hie würdest du dich selber retten, indem du
„das Vaterland vertheidigest.„

Wie? wenn mir meine Selbsterhal-
tung heilige Pflicht ist, so soll ich mich an
die Gränze stellen, den Feind aufsuchen und
mich dem tödenden Rohre, oder dem gezuckten
Säbel entgegenstellen? — Dies heist für
seine Erhaltung sorgen, wenn man der Gefahr entgegen geht? — Wenn das kein
Widerspruch ist, so weiß ich, ich gestehe
es hie öfentlich, nicht, was ich für einen
Begriff mit Selbsterhaltung verbinden soll.

Wenn

Wenn Bürger und Bauern sich gegen die Neufranken waffneten, dann erst würden auch sie dieselben als Feinde behandeln, und Schrecken, Unglück und Jammer über die vorfriedlichen Bewohner der Dörfer bringen. Ich habe es oben schon gesagt, was für ein Unheil daraus entstehen würde, wenn das ganze Wirtembergische Volk ins Feld zöge.

Nur ein Theil des Volks muß zum Schutz, zur Sicherheit des übrigen bestimmt werden, damit die übrigen Einwohner arbeiten und zur Verpflegung des unter den Waffen stehenden Theils Sorge tragen können

Was haben Sie wohl gedacht, bester Mann! als sie folgende Worte niederschrieben, die Ihre Landsleute heftig beleidigen mußten und Sie wegen der ihm angethanenen Unbild schamroth machen muß? Ich muß Ihnen Ihre eigenen Worte nochmal vor Augen bringen, damit Sie bei kaltem Geblüte und mit reifer Ueberlegung, bei einer andern Gelegenheit, es wieder gut machen, was Sie hie verschlimmert haben.

„Erwarte nicht, daß andere den Feind „an den äussersten Enden Wirtembergs die

„Spize

„Spize bieten, während, daß du in deinem
„Laube ruheſt; du haſt keine Urſache mehr
„von ihnen zu fordern, als du ſelber leiſten
„willſt; (alſo der Unterſchied zwiſchen dem
Wehrſtande, oder dem Militär und dem
Nährſtande darf nicht in Betrachtung gezogen
werden? —) „Auch ſie werden in ihrem
„Orte bleiben wollen, wenn du und andere
„Feige, die dir gleichen, ſich der Pflicht ent-
„ziehen, dem Feind entgegen zu gehen, und
„dieſem wäre alsdenn die Eroberung und Ver-
„heerung von ganz Wirtemberg, und alſo
„auch von deinem Gute, eben ſo leicht, als
„ihm der Sieg über die geſamte Wirtembergi-
„ſche Landſchaft ſchwer, ich darf ſagen, un-
„möglich ſeyn würde.

„Neben dem Leben, ich ſollte ſagen, vor
„dem Leben (?) iſt das edelſte Kleinod des
„Menſchen, die Ehre. Das Recht auf dem
„guten Namen iſt ihm angeſtammt; nur
„durch ſchändliche Thaten kann er es verlie-
„ren, und dann wird er der Verachtung,
„die ſchrecklicher als der Tod iſt, Preis ge-
„geben. (Wenn er nemlich ſein Leben nicht
gutwillig in die Schanze ſchlagen, und wegen
ſeines Fürſten ſeine Familie brodlos laſſen will.)
„Die

„Die Ehre besteht in einer auf deine Voll=
„kommenheiten und Verdienste gegründeten
„Richtung Anderer für dich dein eigenes Be=
„wußtseyn, deine Rechtschaffenheit muß die=
„ses Urtheil des Publikums versiegeln. Wel=
„che Meinung aber wirst du von dir erwe=
„cken, wenn du dich weigerst, dich, die
„Deinigen, dein Vaterland zu vertheidigen!
„David Hume sagt mit Recht, (nur auf eine
andere Beziehung) „daß man hauptsächlich
„diejenigen ehre, die uns nützen; und du
„wolltest jetzt, da sich dir der Anlaß dar=
„bietet, dem ganzen Staate und jedem ein=
„zelnen Mitgliede den wichtigsten Dienst zu
„erzeigen, und dir folglich die größte Ehre
„zu erwerben, ihn versäumen, und dich selbst
„zur ewigen unauslöschlichen Schande ver=
„dammen, daß du den heiligsten Pflichten
„entgegen gehandelt habest, und unnütze ge=
„blieben seyst, in dem Zeitpunkte, wo deine
„Thätigkeit so nöthig war. Zu den schätz=
„barsten Eigenschaften des Menschen. gehört
„der Muth, das edle Gefühl seiner Kräfte.
„Die vorübergehende wilde Kühnheit, wel=
„che einigen bisweilen der Haß und die Rache
„einflößen, ist nicht Muth; die wahre Herz=
„haftigkeit besteht in männlicher Unerschro=

„ckenheit,

„ckenheit, welche die Gefahr nicht sucht, „aber auch sie nicht fürchtet. Nichts ver= „schaft glänzendere Ehre, als Beweise der= „selben. Sie zu geben, war die Veran= „lassung nie schöner, als jezt; in der Gegen= „wart deines Fürsten, der Prinzen, vor „den Augen von ganz Wirtemberg, sollst „du vielleicht bald die Tapferkeit darthun, „wozu dich die Ehre angeistert.‟

Schöne Ehre Menschen zu morden und mit kalter Unempfindlichkeit den Mordstahl in seiner Brüder Eingeweide stossen. Eine solche Tapferkeit ist zur Ehre der Mensch= heit unter uns nicht mehr Tugend, wie sie es in dem barbarischen Zeitalter war.

Und Schande für den, der seine Mit= brüder zum Menschenmorde aufruft, zumal, wenn das Volk nicht den entferntesten Theil an den blutigen Kämpfen der Grossen hat.

Tausende rüsteten sich gegen die Neu= franken zum Menschenmorde; ohne zu wis= sen warum; gegen ein Volk, das sie nie beleidigte, das sie nur den Namen nach kannten; rüsteten sich gegen sie, ohne einen Zweck zu haben. Sie würgten unter un=

schuldigen

schuldigen Menschen fort, weil das Kom-
mandowort sie dazu befehligte, und weil die
Befehlshabere wieder von Oberbefehlshabern
und diese wieder von dem, der sich Regent
nennt, dazu ausdrücklich beordert worden
sind. Mir scheinen die Wirtemberger klüger
zu seyn, als jene unempfindliche Söldner, die
blindlings ihr Leben aufs Spiel setzen.

: Sie wollen nicht Menschen morden, oder
sie verstümmeln; nicht ihre Eingeweide zer-
fleischen, nicht ihr Leben der Todesgefahr
aussetzen, weil sie menschlich denken und
weil ihnen die Pflicht der Selbsterhaltung
heilig ist.

Wie? das ganze Wirtembergische Volk
soll seine Tapferkeit einem Volke zeigen, das
für Menschenrechte streitet, und die Vernunft
auf den Thron zu setzen sich bemüht; einem
Volke, das Dummheit, Aberglauben, Fa-
natismus, Pfaffenwahn und Despotismus zu
vertilgen strebt; einem Volke, das gegen
Vorurtheile, Laster und schimpfliche Knechtschaft kämpft? Nein! der Wirtemberger
ist klüger, hier ist seine Feigheit ihm Ehre.

„Um diese Tapferkeit zu bilden, um
„dich in den Stand zu setzen, die rühm-
„lichste

C 3

„lichste Handlung, eine geschickte muthvolle
„Zurücktreibung des Feindes zu unterneh-
„men, den Ruhm eines würdigen, herz-
„haften Bürgers zu erlangen, wirst du zu
„Waffenübungen aufgefordert; freue dich,
„wenn deine Gesundheit und dein Alter dir
„gestatten, daran Theil zu nehmen, und ge-
„selle auch du dich dazu, den seine Tage be-
„rechtigt, sich davon zu entfernen.   Und
„du, feige Memme, der du auf Ausflüchte
„sinnst, dich den Exercitien zu entziehen,
„damit du nachher unfähig seyst, die kom-
„mende Gefahr, vor welcher du bebst, ehe
„sie da ist, mit deinen Mitbürgern zu thei-
„len, siehst du nicht, daß du auf diese Art
„ein öfentliches Bekenntnis zaghafter Klein-
„müthigkeit ablegst, welcher die Schande,
„wie ein Schatten, zur Seite geht? Klag
„alsdenn nur dich an, nur deine Feigheit,
„deinen Mangel an Ehre, von welcher du
„auch nicht das leiseste Gefühl hast, wenn
„deine künftigen Tage in bittrer Schmach
„hinwelken.   Die Ehre ist ein eben so
„unbestechlicher Richter, als das Gewissen;
„du selber wirst das demüthigende Urtheil,
„das die Welt von dir fällen wird, in dei-
„nem Herzen bestättigen; welche Bürger-

tugenden

„tugenden du auch nach der Rückkehr des
„Friedens ausüben magst; unvertilgbar bleibt
„das Brandmahl, welches niederträchtige (?)
„Furcht dir aufgedrückt hat; der Anblick je-
„des Bürgers, der siegreich oder verwundet
„von Feinden zurückkehrt, wird dir deine
„Zaghaftigkeit vorwerfen.„

"Der Mensch ist nicht nur Zweck; er ist
"nicht für sich allein gebohren, nicht um blos
"seine besondere Glückseeligkeit zu befördern.
"Wahr ist es, viele sehen immer nur ihr
"schätzbares Ich; es ist der Mittelpunkt aller
"ihrer Gedanken und Empfindungen. Allein
"der Mensch ist auch Mittel; sein Daseyn,
"seine Kräfte müssen zugleich zum Besten an-
"derer dienen; eben deswegen hat der weise
"Schöpfer das Glück jedes einzelnen Menschen
"anf das genaueste mit dem Wohl seiner
"Mitbrüder verbunden. Nur der Selbstsüch-
"tigste Egoist kann diese Absicht des Gottes
"der Liebe verkennen, und niemand zeigt sich
"als solchen mehr, als wer die Vertheidigung
"des Staats von sich abzulehnen wünscht,
"weil bei keinem andern Fall so mächtige
"Gründe vorhanden sind, auf einige Zeit sein
"theures Ich, ich sage nicht, zu vergessen, son-

C 4   dern

"dern dem Wohl vieler Tausenden, des gan-
"zen Landes unter zu ordnen. Vertraut nicht
"Brüder, einem solchen Selbstling die auf
"eurer Stimme beruhenden Stellen, um die
"er sich bewerben könnte; denn nur niedriger
"Eigennuß kann in seiner Seele wohnen; nehmt
"ihn nicht zu eurem Freunde an; denn er ist
"kalt und liebt euch nicht! Mädgen versag ihm
"deine Hand; er würde nicht für dich leben,
"wenn er nicht für sein Vaterland zu sterben
"weiß.

Verdient diese Sottise auf Wirtembergische brave Bürger, wohl eine Widerlegung?

"Bürger, streitet mit unwiderstehli-
"cher Stärke für euer Vaterland; wenn die
"Feinde uns daraus verdrängen, wir fänden
"kein herrlichers Land, als dasjenige, worinn
"uns die gütige Vorsehung gebohren werden
"ließ."

Wann auch Wirtemberg, woran doch
fast nicht zu denken ist, von den Neufranken
erobert werden sollte, würden sie denn die Einwohner aus ihren Lande verjagen? Nur ein
einiges Beispiel von ihrem eroberten Ländern,
daß sie die Unterthanen daraus verdrängt haben!

ben! Gerade das Gegentheil. Haben Sie
denn nicht hin und wieder in Zeitungen es ge-
lesen, daß sie die Ausgewanderten zurück be-
riefen, und Strafe darauf setzten, wenn sie
nicht bis zur bestimmten Zeit sich einfinden
werden.

”Seine (Wirtembergs) Verfassung ist
”die beste; (?) die Gesetze die weisesten, (?)
”die physische Lage die vortheilhafteste.”

Wenn Wirtembergs Verfassung gut ist,
woran ich auch gar nicht zweifle, und die Gesetze weise, so würde man bei einer veränder-
ten Lage der Dinge und bei einer vielleicht
möglichen neuen Organisirung desto weniger
umändern dürfen. Und die physische Lage?
bleibt sie denn nicht die nemliche?

”Ein milder Himmelsstrich, die lachend-
”sten Aussichten, ein Boden, welcher dem
”Ackerbau nicht günstiger seyn könnte, Wäl-
”der fruchtbarer Bäume, die mit dem schmack-
”haftesten Obste prangen, die edelsten und ge-
”sundesten Weine, Gärten, die oft auch im
”Winter nicht ihr Küchengewächs versagen,
”eine sehr beträchtliche durch gute Anstalten
”ungemein veredelte Pferd- Schaf- und Horn-

C 5   vieh-

"viehzucht, jeder Fleck Erde angebaut, jeder
"ergiebig, tausend Spuren des Wohlstandes,
"den alles, was man um sich sieht, verkün-
"diget, alles dies sind Wohlthaten Gottes,
"die nur wenigen Ländern in solchem Grade
"gemein sind." —

Wird denn Wirtemberg mit dem Ein-
marsche der Frankreicher ins Land ein anderes Klima erhalten? Werden denn die Aussichten weniger lachend seyn? Wird der Boden nicht der nemliche bleiben, dem Ackerbau
minder günstiger? Metamorphosirt er sich
etwan unter dem Fußtritte des Neufranken?
Wird die Fruchtbarkeit, die Viehzucht und
der Wohlstand aufhören, wenn der Franke
ins Land kommt?

Die Beispiele von Vaterlandsliebe aus
der Geschichte Griechenlands und Roms, die
Sie Ihren Landsleuten zur Nachahmung aufstellen, entflammen sie gewiß nicht zu dieser
Tugend, weil die Griechen und Römer ein
ganz anderes Interesse hatten, als wir, und
weil sie wußten, warum sie ihr Vaterland
liebten.

In-

Inneres Gefühl, von den Vortheilen geweckt, die ihnen ihr Vaterland gab, begeisterte sie zur Vaterlandsliebe.

Können Sie wohl im Ernste noch fragen, "warum wir weniger Vaterlandsliebe "besitzen, als die Alten?" — Kann wohl ein Vergleich mit den Völkern der grauen Vorzeit und unsern Zeitgenossen Statt finden? — Ihre Vaterlandsliebe floß aus der Quelle der Empfindung, die unsrige aus der Quelle des Verstandes und der kalten Ueberlegung. Die Sitten der Vorzeit waren andere, als die der unsrigen. Ich müßte eine eigene Abhandlung abfassen, um die Gründe darzulegen, daß in Ansehung der Vaterlandsliebe der Vergleich mit den Griechen und Römern gar nicht Statt finden kann. Inzwischen will ich Ihnen die Fragen beantworten, warum bei uns kein Gemeingeist, keine allgemeine Vaterlandsliebe seyn kann.

Unsern Fürsten liegt das Wohl ihres Volks beiweitem nicht so am Herzen, als sie es zu bereden suchen. Keine Gesetze binden sie an ihre Unterthanen. Sie darf kein Gesetz richten; aber das Volk muß die Gesetze

ſetze pünktlich befolgen, ohne auf Gründe zu
hören, oder bei den Scheingründen etwas
einwenden zu dürfen. Ihr Wille iſt Befehl, und wenn das ganze Land alle die
Uebel vorausſehen ſollte, die durch ihn ent-
ſtehen müſſen, ſo iſt er unabänderlich. Wie
kann alſo ein Volk einen Fürſten lieben, ſein
Leben für ihn aufopfern, der die geheiligten
Rechte des Volks mit Füſſen tritt?

Wie ſoll man Vaterlandsliebe in einem
Staate ſuchen, deſſen Geſetze der willkührlichen
Auslegung unterworfen ſind. Wo ich bei
dem offenbarſten Rechte erſt erwarten muß,
wie die Prieſter der Gerechtigkeit meine Sache anzuſehen belieben werden. Koſtſpielig
ſind die Streitſachen, ſo daß der Arme gar
nicht auf gerichtliche Unterſuchung rechnen
darf, weil er die darüber auszufertigenden
Schriften nicht bezahlen kann.

Und ſo liquid und deutlich! oft eine
Sache iſt, ſo verworren wird ſie oft durch
die Verdrehungen der Advokaten.

Bedenken Sie ferner, wie in einem
Lande Vaterlandsliebe herrſchen kann, wo

ich

ich mit Spionen umgeben bin, die meine
unschuldigsten Reden verdreht zu den Ohren
der Regierung bringen, und mich als einen
Menschen angeben, der gefährliche Meinun=
gen hege und anders denke, als die Regie=
rung denkt. Wo ich gepreßt in den Ge=
sellschaften sitzen und nichts reden darf, was
Wahrheit und Billigkeit betrift? Wo ich
statt Belohnung für meine Rechtschaffenheit
und Aufrichtigkeit zu hoffen, Strafe fürchten
muß. Warum fürchten sich denn unsere
Regenten vor der Publicität so sehr? Doch
nicht, weil ihre Regierung gerecht ist? oder
weil zarte Regungen der Freude über die
Strebsamkeit und dem Fleiß ihrer Untertha=
nen sie begeistert, und ein edler Eifer sie zu
beglücken beseelt? —

Wo kann Vaterlandsliebe in einem
Staate herrschen, in welchem die Unter=
thanen unter dem drückendsten Joche der
Knechtschaft seufzen? In einem Staate,
wo die Handlung gesperrt, die Gewerbe
darnieder liegen, und doch die Auflagen un=
erschwinglich sind? Wirtemberg mag eini=
germassen davon eine Ausnahme machen, aber
doch ist der Einfluß, von andern deutschen
Staa=

Staaten, wo dieser Despotismus herrscht, auch auf Wirtemberg nicht zu verkennen.

Doch Sie reden vermuthlich im Allgemeinen, wenn Sie fragen, warum wir — "die Deutschen, weniger Vaterlandsliebe be= "sitzen, als die Alten, wir, die wir zur Tu= "gend schon durch die Taufe eingeweiht, (?!) "einen vollständigern Unterricht haben, als "die Heiden."

Was ich dagegen sage, dürfen Sie auch deswegen nicht blos auf ihr Vaterland deu= ten, auch ich spreche in diesem Punkt be= trachtet im Allgemeinen von Deutschland.

Können Sie da Vaterlandsliebe suchen, wo man den Aeltern ihr Liebstes, ihre Kin= der raubt, und sie Menschen, künstlich zu morden, lehrt, und wehe dem, der sich da= gegen aufzulehnen unterstehen sollte! Wenn auch zuweilen das natürliche Gefühl des ar= men Vaters oder der trostlosen Mütter er= wachen und in laute Klagen ausbrechen sollte; es würde sie nichts nützen, und vielleicht würde ihrer noch Straffe warten. Das Volk hat keine Stimme, wenn die Regenten Krieg

Krieg führen wollen, ohnerachtet es seine Söhne dazu hergeben muß.

Vaterlandsliebe wäre ein Wort ohne Begriff, wenn man sie in einem Staate suchen wollte, der durch Krieg entvölkert, zerrüttet und fast gänzlich zu Grunde gerichtet wird; in einem Staate, wo keine Rechts- gleichheit Statt findet, wo nur der Arme den Gesetzen unterworfen, dagegen der Reiche wegen seines Ansehens, seiner Verbindung und seines Geldes die Gesetze zum Schweigen bringt. Würde ich sie alle aufzählen wollen die Ursachen i.3 Mangels an Patriotismus: ich würde mehrere Seiten anführen müssen.—

"Christen sind in dem Worte Gottes "die einleuchtendsten Gründe vorgelegt, das "Wohl unserer Mitbrüder zu befördern, "den Gesetzen und ihren Vollziehern Gehor- "sam zu leisten, und also auch die Anordnun- "gen derselben für die Vertheidigung des Va- "terlandes zu befolgen"

Gerechter Himmel! aus dem Christen- thume und dem Worte Gottes die einleuch- tendsten Gründe vorgelegt zu finden, daß man seiner Brüder Wohl befördert, wenn man

auf

auf willkührlichen Befehl seines Fürsten mit
den Waffen in der Hand sich an die Gränzen des Vaterlandes hinstellt, um ein Volk
zum Kampfe einzuladen?

Wo ist in dem Christenthume eine Spur
zu finden, daß es feindseelige Gesinnungen
gegen andere Völker begünstigen sollte?

Allenthalben finde ich Grundsätze auf
Liebe gebaut; Ermahnungen, sie immer weiter und weiter anzureihen die grosse Kette,
die Menschen an Menschen fesseln soll. Allenthalben stossen mir Sätze auf, die zum
Wohl der ganzen menschlichen Gesellschaft,
nicht einzelner Völker abzwecken. Und Sie
finden darinn Trennung, Einengung, Ver-
scheuchung durch Eigennutz und Leidenschaften!

„Die Art, auf welche unser göttlicher
„Erlöser die Vaterlandsliebe (?) empfiehlt,
„ist mehr mittelbar; zwei Gründe hielten
„ihn ab, sie mit eben so klaren Worten
„einzuschärfen, als womit er zur allgemeinen
„Menschenliebe uns auffordert. Ungebildet,
„wie die Juden waren, mußte er, nach sei-
„ner Weisheit, besorgen, durch dringende
„Einladungen zum Patriotismus sie in ihrem
„ein-

„ eingewurzelten übermäßigen Nationalstolz,
„ in ihrer Verachtung, und in ihrem Haß ge-
„ gen alle Nichtjuden zu bestärken, und sie
„ gegen die Oberherrschaft der Römer, die
„ sie ohnehin mit Ungeduld ertrugen, noch
„ mehr einzunehmen. Die Pharisäer würden
„ auch nicht unterlassen haben, die Predigt
„ Jesu von der Vaterlandsliebe den Römern
„ als einen gegen ihre Regierung gerichteten
„ Angriff zu schildern. Wurde er nicht
„ wirklich vor Pilatus angeklagt, daß er das
„ Volk abwende, es errege, Unruhen stifte;
„ Pilatus fand ihn unschuldig; denn niemand
„ war ja weniger Volksaufwiegler, als unser
„ lieber Heiland; es kam nur auf ihn an,
„ König zu werden; um der Zudringlichkeit
„ seiner Anhänger zu entgehen, verbarg (?)
„ er sich auf einem Berge.„

Dieses alles aber beweiset ja, daß Chri-
stus die Vaterlandsliebe nicht geprediget habe,
zumal in dem Sinne, in welchem unsere
Politiker das Wort Patriotismus nehmen!

Ueberhaupt befäßt sich die christliche
Religion mit politischen Angelegenheiten gar
nicht.

d   „Chri-

„Chriſtus gebietet uns nicht nur die
„Vaterlandsliebe, wenn er uns ermahnt,
„den Nächſten zu lieben, und wer iſt uns
„näher als unſer Mitbürger? uns als Glie-
„der eines Leibes zu betrachten, einer des
„andern Laſt zu tragen, dem Kaiſer den
„Zinnsgroſchen zu geben, ſein Leben für
„ſeine Brüder zu laſſen; er bewies ſich
„auch durch Thaten als den edelſten Pa-
„trioten.

Wie unter der Nächſtenliebe, die Chriſtus empfahl, Empfehlung des Patriotismus, und zwar in dem Sinne, in welchem
Sie Vaterlandsliebe nehmen, begreiffe ich
nicht. Nächſter heißt ja nach dem Sinne
Jeſu nicht blos mein Nachbar, Freund oder
Hausgenoſſe, ſondern jeder, der meiner
Hülfe bedarf. Darüber erklärt er ſich ja
deutlich genug in der Parabel mit dem Sa-
mariter. Er predigte ja eine allgemeine,
allumfaſſende Menſchenliebe, die ſich nicht
blos auf dem engen Kreis meiner Familie;
nicht auf dem Bezirk meines Landes, in
welchen ich gebohren worden bin, einſchrän-
ket; ſondern über alle Menſchen ohne Unterſchied des Standes und der Religion,
er=

erstrecken soll. Nach seinen Grundsätzen
betrachtete er die Welt als eine Familie,
in der jeder zum allgemeinen Wohl wirken,
jeder zur Glückseeligkeit des ganzen beitragen
sollte?

Die Vorfallenheit mit dem Zinsgro,
schen beweißt nichts, als daß es Jesus ge,
billiget habe, jedem zu geben, was ihm ge,
bühre. Der Obrigkeit Abgabe, Gott Ver,
ehrung.

Wenn Jesus jedem seiner Tage dem
Wohl anderer weihte, wenn er andern zu
dienen suchte, so beweißt dieses ja, daß er
Vergnügen und Freude an dem Glücke des
Menschen hatte. Schränkte er denn seine
Landsleute ein? konnte nicht jeder daran
Antheil nehmen, der sie bedurfte! Schloß
er denn die Fremden von seinem Wohlwol,
len aus? —

„Wie viele Thränen des zärtlichsten
„Mitleidens entströmten ihm nicht bei dem
„Anblicke Jerusalems, welches nicht erkennen
„wollte, was zu seinem Frieden diente, und
„dessen entsetzliches Schicksal der Gottmensch
„vorher sah?”

Wozu

Wozu das? Jesus weint über die Hals-
starrigkeit der Juden, sich den Römern nicht
gutwillig unterwerfen zu wollen, deren Ueber-
macht zu widerstehen, sie doch nicht im Stande wären. Er weinte, weil er alle die
traurigen Folgen voraus sah, die daraus entstehen würden, wenn die Juden sich gegen
die weit überlegenen Römer bewaffnen würden.

„Kann man endlich die Begierde, seine
„Mitbrüder zu retten, stärker an den Tag
„legen, als unser Erlöser es durch seine
„Aufopferung am Kreuze that?"

Freilich suchte er seine Brüder zu ret-
ten! aber wovon? vom Aberglauben, von
Vorurtheilen, vom blinden Wahn, von der
Knechtschaft der Sünde und von der Priester-
tyrannei; eben deswegen wurde er auch ein
Opfer des Todes, weil er diese scheinheiligen
Menschen entlarvte und sie in ihrer Blöse
darstellte.

„Auch die Apostel lehren uns die Gott-
„seligkeit mit der brüderlichen, und die brü-
„derliche mit der gemeinen Liebe, mit der
„Liebe zum gemeinen Wesen, oder für das
„Vaterland verbinden."

Wer

Wer von der Theologie und Bibelerklä=
rung nichts versteht, der sollte sich auch nicht
damit befassen. Brüderliche Liebe heißt nach
den angeführten Worten des Apostels, Liebe
der Christen gegen ihre Mitchristen, die sich
mit der allgemeinen Liebe über alle Menschen
und Völker erstrecken soll.

Bei der Gründung des Christenthums mußte
man vorzüglich auf die Ausübung der Liebe
der Christen gegen Christen dringen und sie
zu thätiger Hülfsleistung auffordern, damit
sich die neue Gemeinden erhalten und fort=
pflanzen könnten; heut zu Tag aber ist sie
mit der allgemeinen Menschenliebe innigst ver=
webt; und wenn der Mitmensch weniger
Beistand finden sollte, als der Mitchrist: so
ist es sogar Pflicht, den ersten vorzuziehen
und ihn aus allen Kräften zu unterstützen.

Weder in dieser, noch in andern Stellen
des Neuentestaments werden wir aufgefordert
unser Vaterland jedem andern Lande vorzu=
ziehen. Nirgends finden wir, daß wir
mit unserer Geschicklichkeit, mit unsrer Gei=
stesfähigkeit, Kräften und Gaben, niemand
anders, als unserm Vaterlande dienen sollen.
Keine Spur von Aufforderung nur einig und

allein

allein dem Dienste des Vaterlands zu weihen,
unser Leben, unser Vermögen demselben auf=
zuopfern und für dasselbe alles zu wagen.

„Neben diesem Eifer prägt uns die Re=
„ligion Jesu den genausten Gehorsam gegen
„die Gesetze und die Obrigkeit ein;„ — auch
gegen willkührliche Befehle, wodurch das
Glück der Familien zerrüttet und der Unter=
than unglücklich gemacht wird? — „ohne
denselben — dem blinden Gehorsam gegen
die Obrigkeit — würde der Patriotismus
eine ganz falsche Richtung bekommen;„ —
diese hat er schon längst bekommen — „denn
„das Glück des Vaterlandes beruht auf der
„Befolgung seiner Gesetze.„ Vernünftiger,
wohlgeordneter und nicht despotischer Befehle.

Wer so etwas, wie folgende ausgeho=
bene Worte sind, niederzuschreiben fähig ist;
wer den Lehrsätzen des Christenthums eine
boshafte Auslegung zu geben sich nicht scheut;
wer unter dem Deckmantel der Religion sei=
nen Mitbrüdern Menschenhaß, Feindschaft,
Rache, Verfolgung und Mord zu predigen,
frech genug ist; der mache ja keinen Anspruch
auf den Namen eines vernünftigen, noch
weniger

weniger aber eines, nach Jesu Geiste gebildeten Menschen.

„Um des Herrn willen sollen wir unter-
„than seyn aller menschlichen Ordnung; die-
„jenigen, welche die Herrschaft verachten,
„ihre, auf das allgemeine Wohl abzweckende
„Befehle nicht befolgen; die Leute, welche
„nicht erzittern, die Majestät zu lästern, den
„von den Fürsten angeordneten Vergnügungen
„eine boshafte Auslegung zu geben, bedroht
„Petrus mit schweren Strafen auf den Tag
„des Gerichts.   Es ist für den Christen
„Gewissenspflicht, der Obrigkeit zu gehorchen,
„und wenn unsere höchste Obrigkeit, wenn
„der Gesalbte des Herrn (?) uns aufruft,
„uns zur Vertheidigung des Vaterlandes zu
„bereiten, würden wir gegen Gott, gegen
„das Vaterland, gegen den Fürsten, gegen
„unsere Freunde, gegen uns selber versündi-
„gen, wenn wir nicht einer so heiligen und
„so schönen Pflicht ohne Murren uns unter-
„zögen. „ (?)

„Gott, welcher uns in Wirtemberg ge-
„bohren werden ließ, und der in seinem
„Worte uns ermahnt, im Vaterlande zu
bleiben,

„bleiben, uns redlich zu nähren,*) will
„gewiß nicht, daß auswärtige Feinde uns
„daraus verdrängen, am wenigsten solche,
„die seinen allerheiligsten Namen lästern, in
„ihrem eitlen Sinne versuchen, die uns von
„Gott geschenkte, von den Franzosen so
„schändlich gemißbrauchte, wie wohl vergöt-
„terte Vernunft auf den Thron der Allmacht
„zu setzen, und den Tempel des Herrn ihr
„einzuräumen. Es wäre Undank gegen
„den Allerhöchsten, der uns eines der besten
„Länder des Erdbodens zu bewohnen gegeben
„hat, wenn wir diese grosse Wohlthaten
„so wenig erkannten, daß wir sie uns ohne
„Gegenwehr entreissen liessen. „

Mann! ich beschwöre Sie, vor dem
Richterstuhl der Vernunft! bei Ihrem Gefühl für Menschheit, bei Ihrem Herzen,
bei der Ueberzeugung der Religion von Jesus gepredigt, bei allen edlen, rechtschaf-
fenen und Wahrheit liebenden Menschen! —
bei allem was heilig ist! — können Sie
mit gutem, reinen Gewissen, Menschen
mor-

*) Also nicht seine Familie verlassen, und be-
waffnet an die Gränze ziehen.

mordenden Kriegen in chriſtlichen Ländern ge,
führt, das Wort reden?

Nach einer Religion, deren Grundge,
ſetz Liebe iſt, die aller Feindſchaft, allem
Menſchenhaß gram iſt? Können Sie mit
gutem Gewiſſen, aus Ueberzeugung Ihre
Landsleute zur Ergreifung der Waffen auf,
ruffen; gegen eine groſſe Nation, die
Friede den Hütten verheißt? die ſo gerne
die Hand zum Frieden ihren Feinden böte?

Ihr Krieg iſt gegen die Groſſen,
gegen die Tyrannen, die ihr armes, unter
dem Drucke ſeufzendes Volk zur Ausfüh,
rung der unedelſten Abſichten gebrauchen,
unbeſorgt für Menſchenrechte.

Mißverſtändniſſe können auf andere Art
als durch Kriege berichtiget werden.

Unſere Groſſen möchten ſo gerne den
Krieg der Frankreicher, den ſie ohne Zu,
ſtimmung des Volks widerrechtlich anfiengen,
zur Sache des Volks machen, die ſich zu
feilen Knechten erniedrigen, bieten dazu die
Hände, an Statt ſie von Ihrer unmenſch,

lichen

lichen Grausamkeit, von ihrer Tyrannei, abzuführen.

Und doch reden wir von Aufklärung, von Riesenschritten, die wir in der Kultur der Geisteskräfte, des Verstandes gemacht haben; — Hier träumen einige Gelehrte von Wiedereinsetzung der geheiligten Völker-, und Menschenrechte, und dort predigen andere unbedingte Unterwürfigkeit unter die Herrschaft eines einzigen, blinden Gehorsam, gegen Befehle, deren Ausführung nicht selten den Umsturz ihres eignen Staats bewirken.

Noch leuchtete die Fackel der Aufklärung nicht allen Staaten Europens; Dämmerung hin und wieder — und nur da und dorten ein schwacher Lichtstrahl. In einem Lande, wo man dem Fürsten seine Söhne zum Morde leiht, wo die Stimme der Menschheit, der Gerechtigkeit und der Billigkeit verstummen muß; in einem solchen Lande herrscht noch Finsterniß, Barbarei.

Wo

Wo steht nur eine Silbe in der Sittenlehre des Gesetzgebers von Nazareth, daß ein Fürst Ungerechtigkeit, Unbilligkeit, Hintansetzung seines Familienglücks und Aufopferung seines Lebens von seinen Unterthanen fordern darf, um sich gegen einen dritten, den er gar nicht kennet, als Feind zu waffnen, und die Sache seines Fürsten, von der er gar nicht unterrichtet ist, zu vertheidigen?

Und Sie, Herr Verfasser haben die Stirne, den Kriegen das Wort zu reden, und sie sogar als Beweis der göttlichen Güte anzupreisen!

„Auch bei dem Kriege, in welchen „wir verwickelt werden, leuchten Absichten „der göttlichen Güte hervor. Der lange „Friede wiegte uns in den gefährlichen „Schlummer der sorglosen Weichlichkeit ein; „der Herr erlaubte, daß uns ein Krieg „davon aufweckte, ehe unsere geistige und „leibliche Kräfte im Schoose der Wollust all„zu schlaf würden.‟

Der

Der Krieg alſo. wäre das Mittel, deſſen ſich die Gottheit bedient, um die ſchlum-
mernde Kräfte der Menſchen zu wecken
und ſie zu Thätigkeit zu beleben? Sie
hätte alſo ſonſt keine Mittel, als die
Kriege?

Hören Sie in Zukunft auf die Gottheit auf ſolche Art zu läſtern! nehmen Sie
mit den Neufranken reinere Begriffe von
dem erhabenſten Weſen an! huldigen Sie
mit ihnen die Vernunft, die ſie nächſt der
Gottheit auf den Throne ſetzten, und ſie
als das edelſte Geſchenk, das der Vater
der Menſchen ſeinen Kindern geben konnte,
verehren!